CHRISTMAS COLORING BOOK

CRYSTAL
COLORING BOOKS

ISBN-13: 978-1981335541
ISBN-10: 1981335544

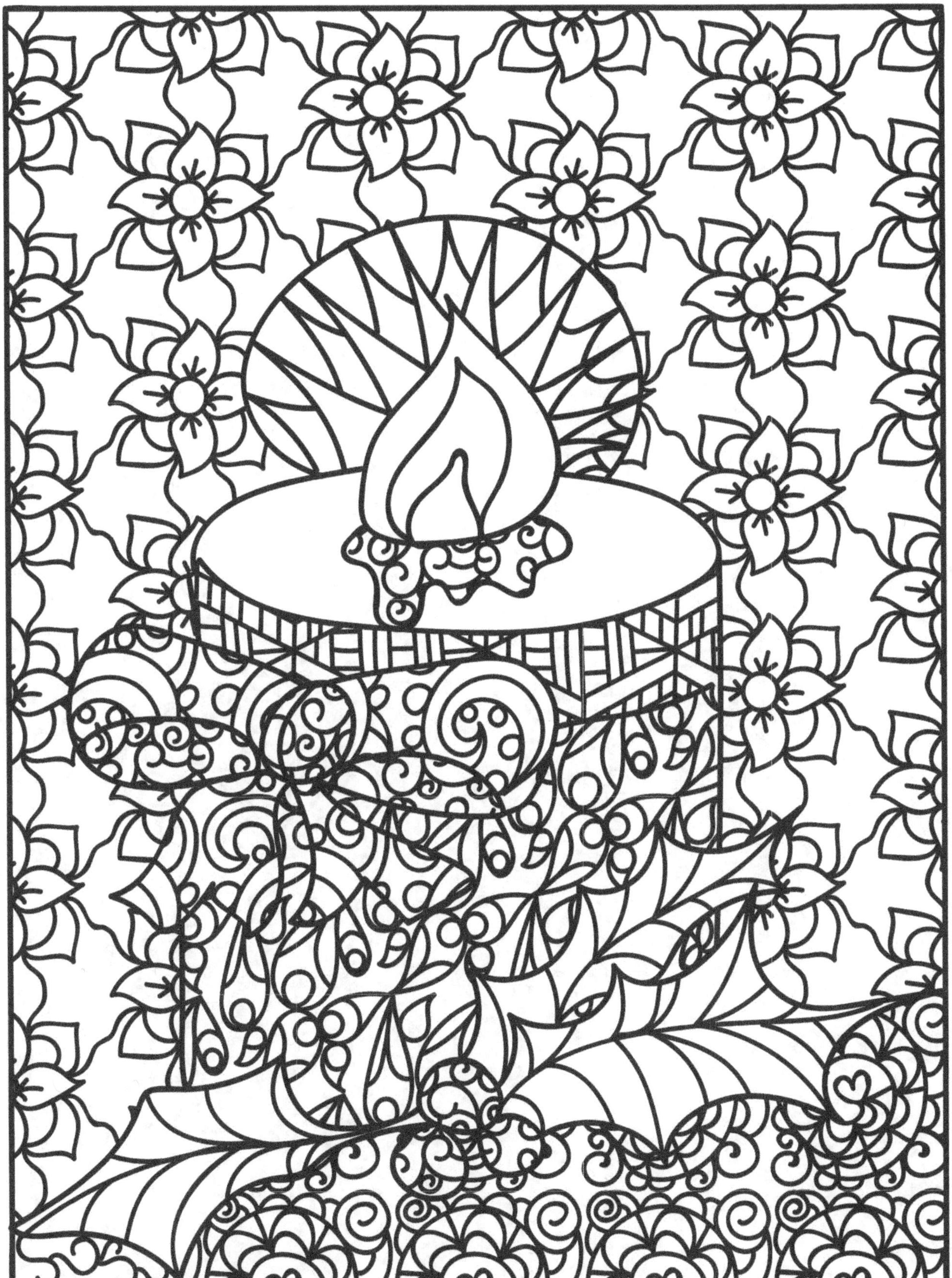

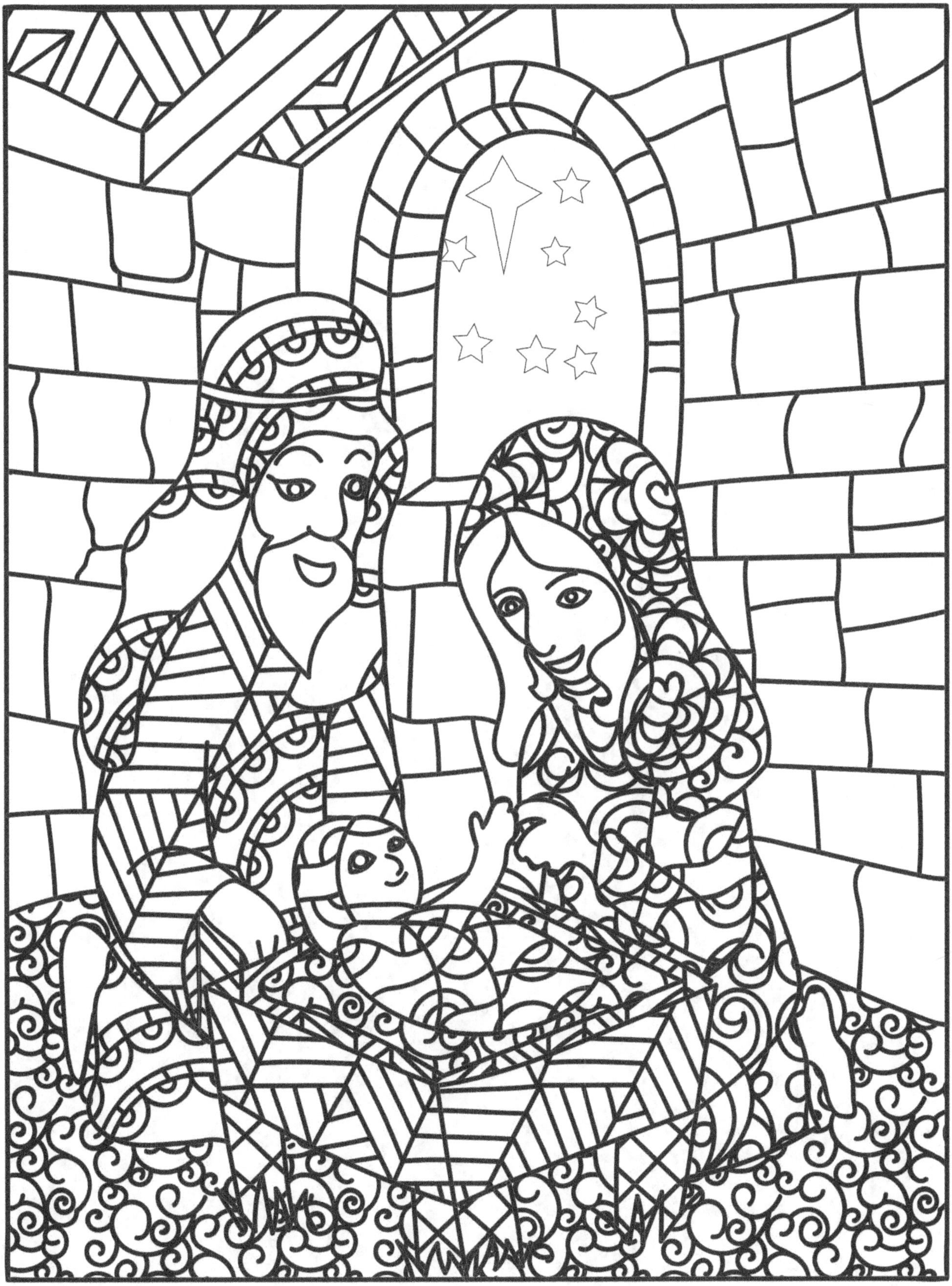

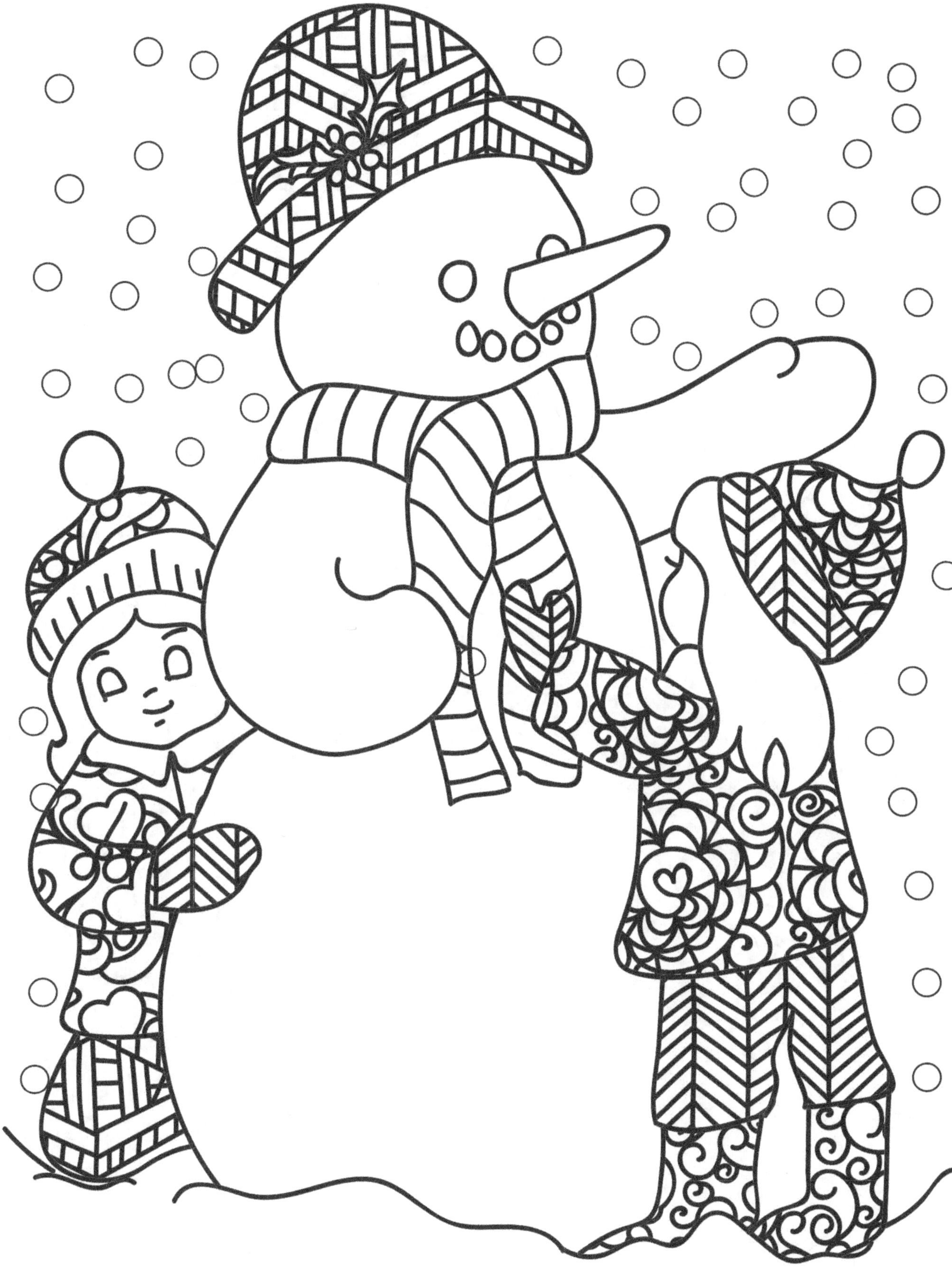

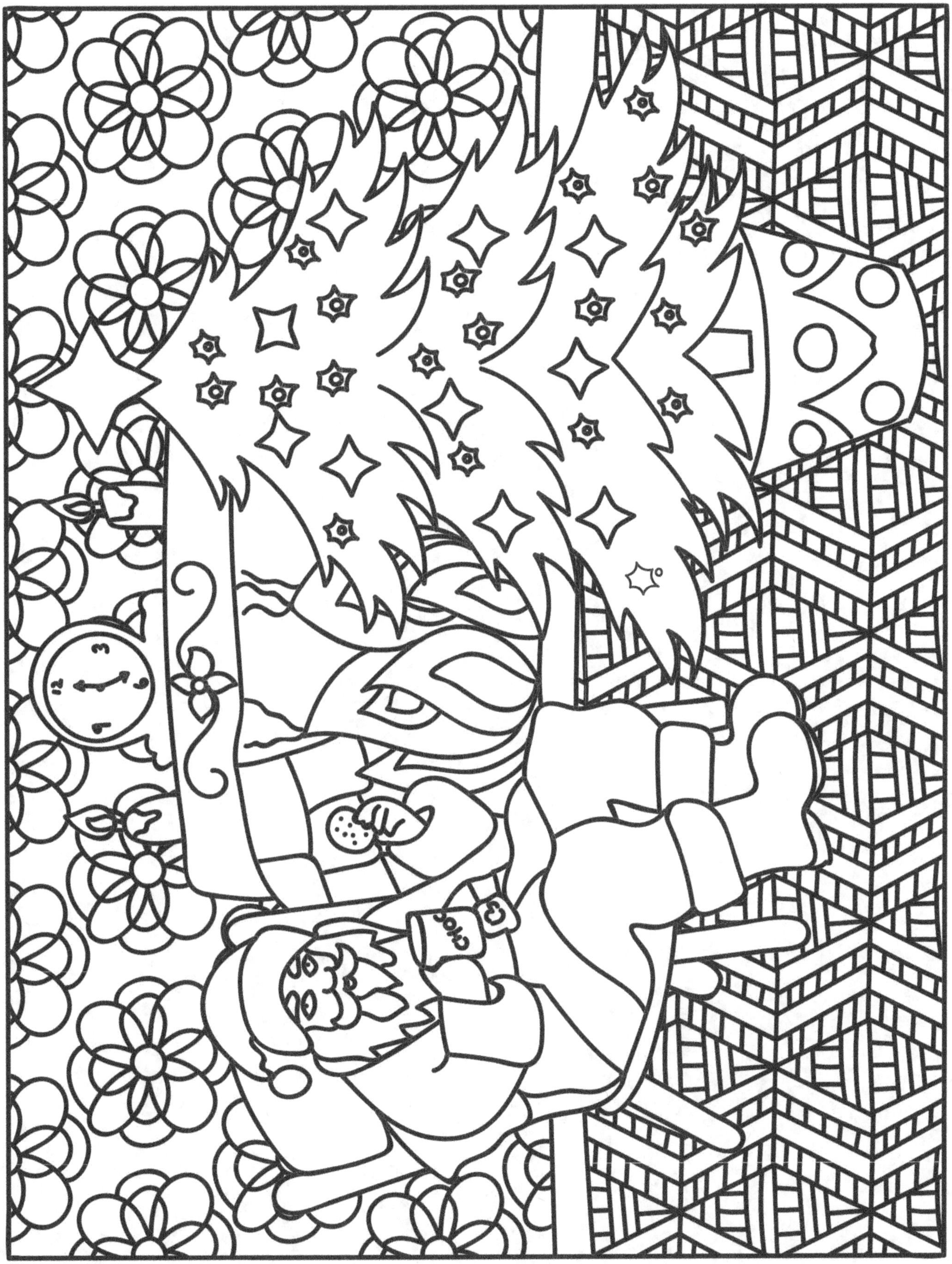
Choc

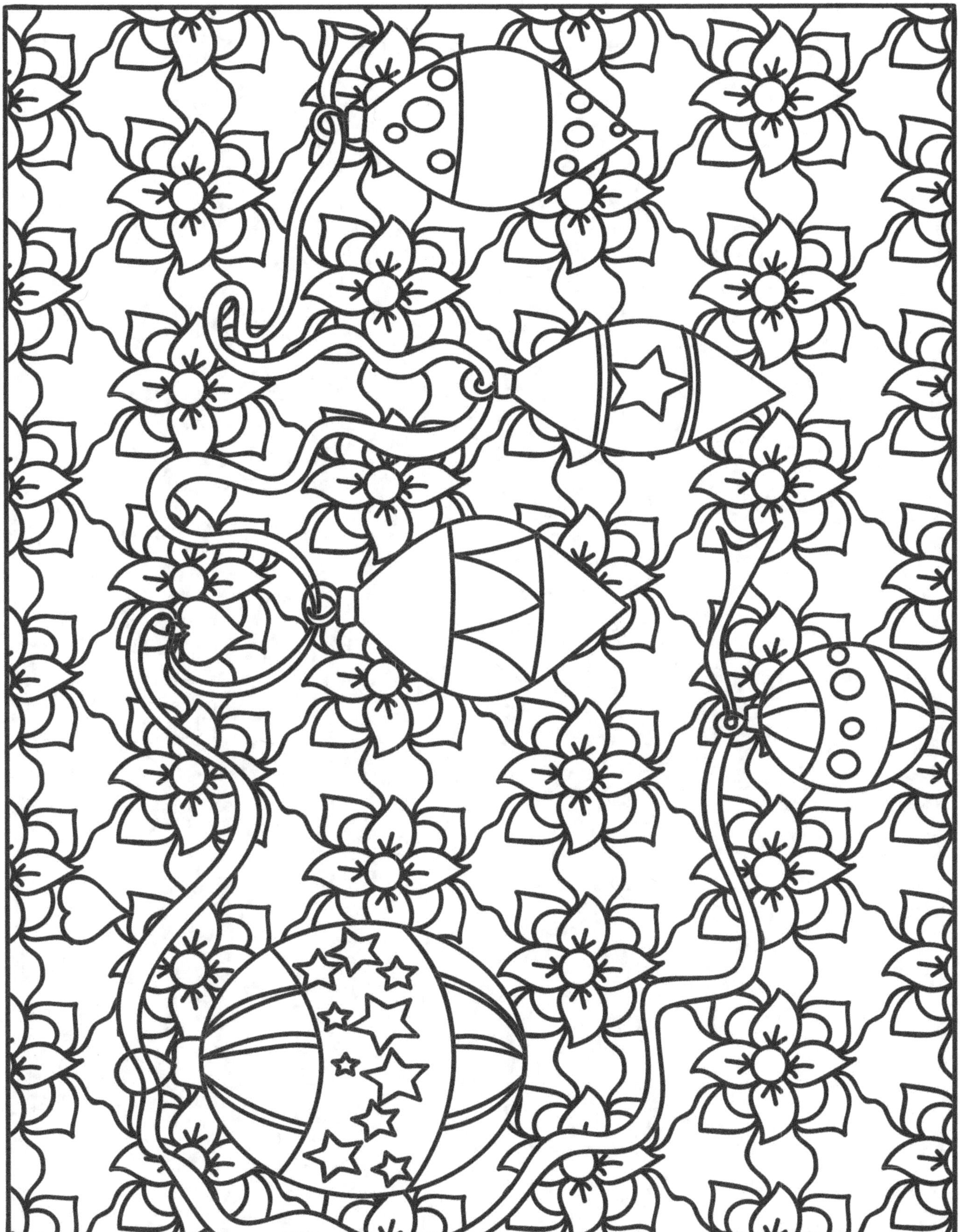

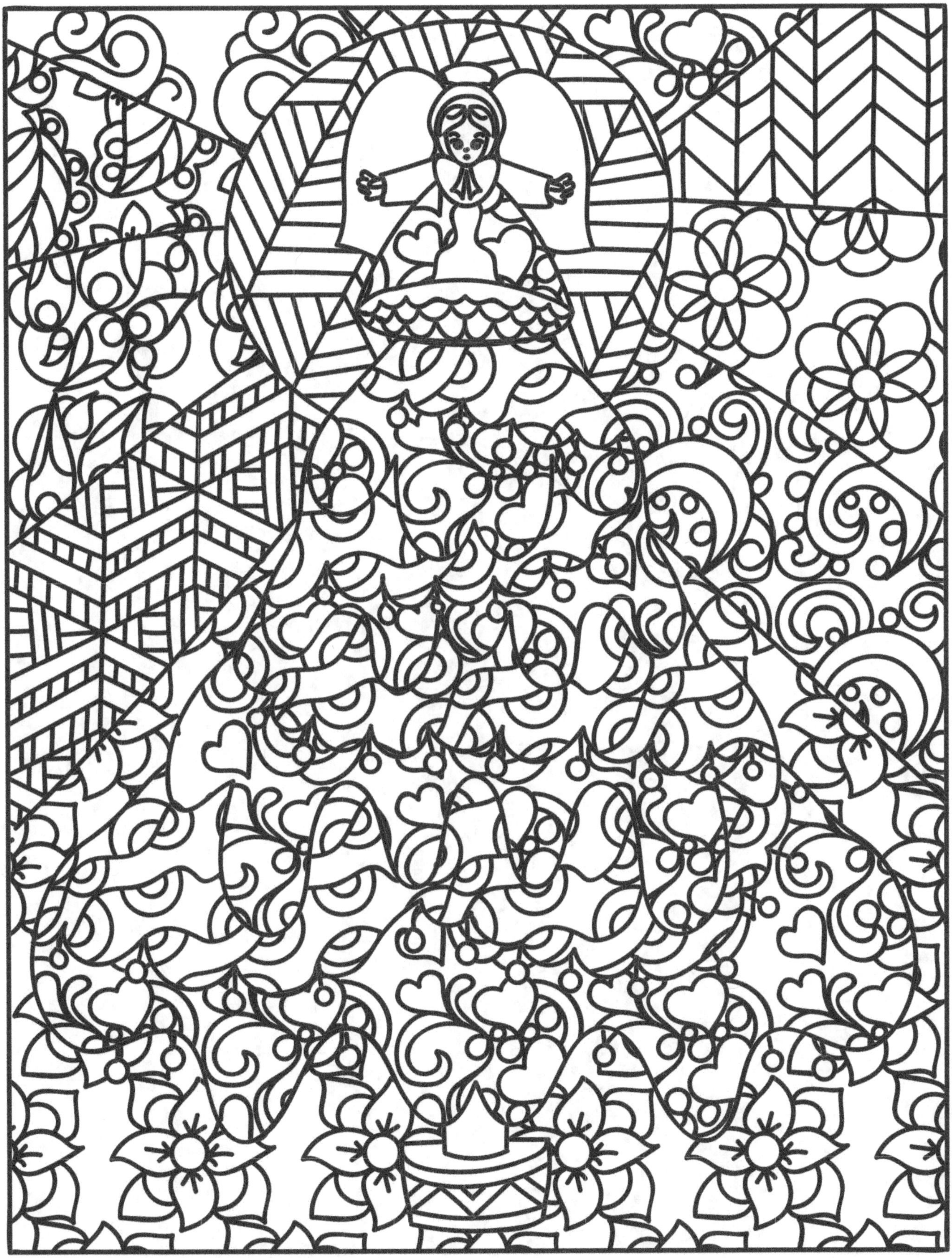

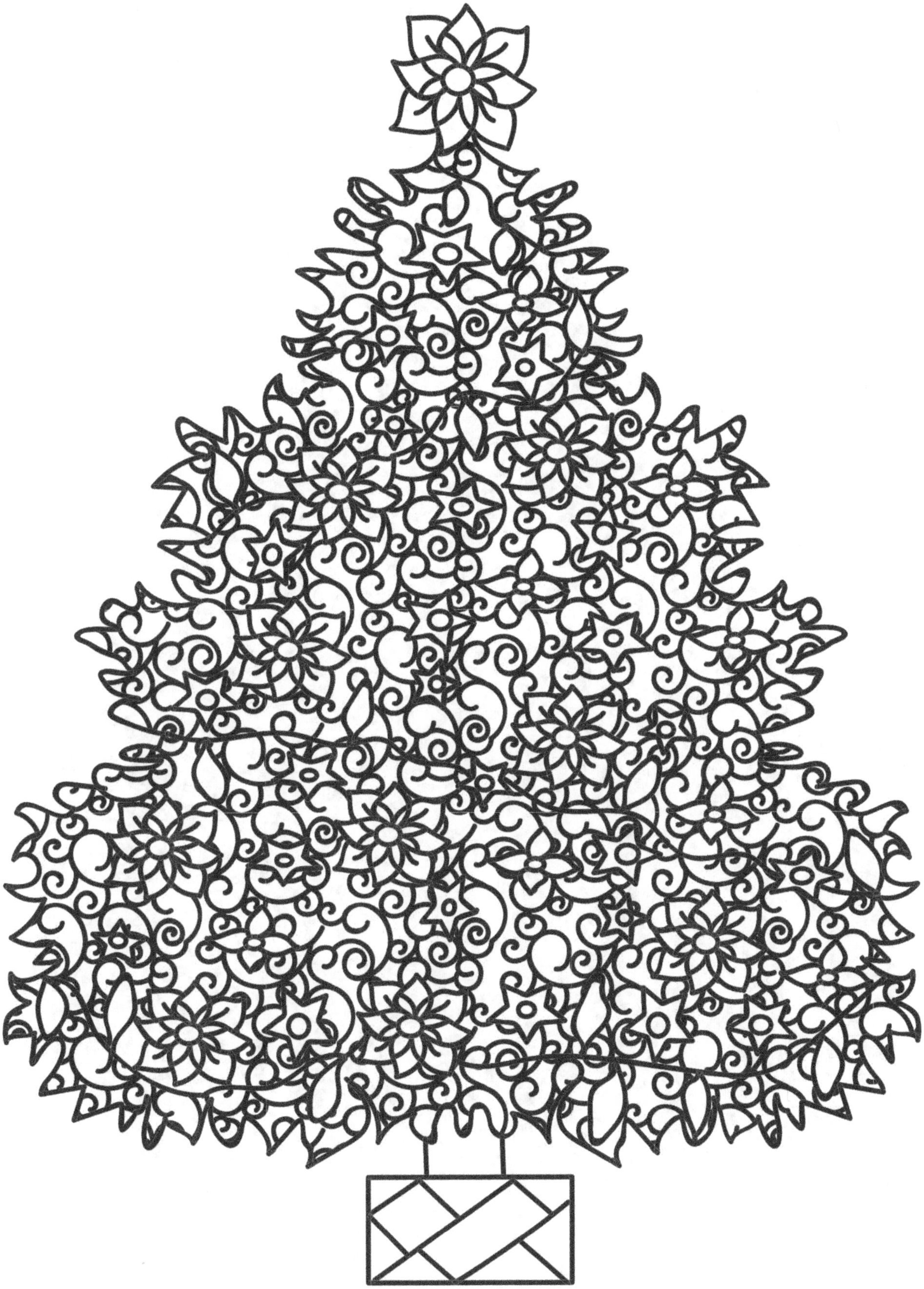

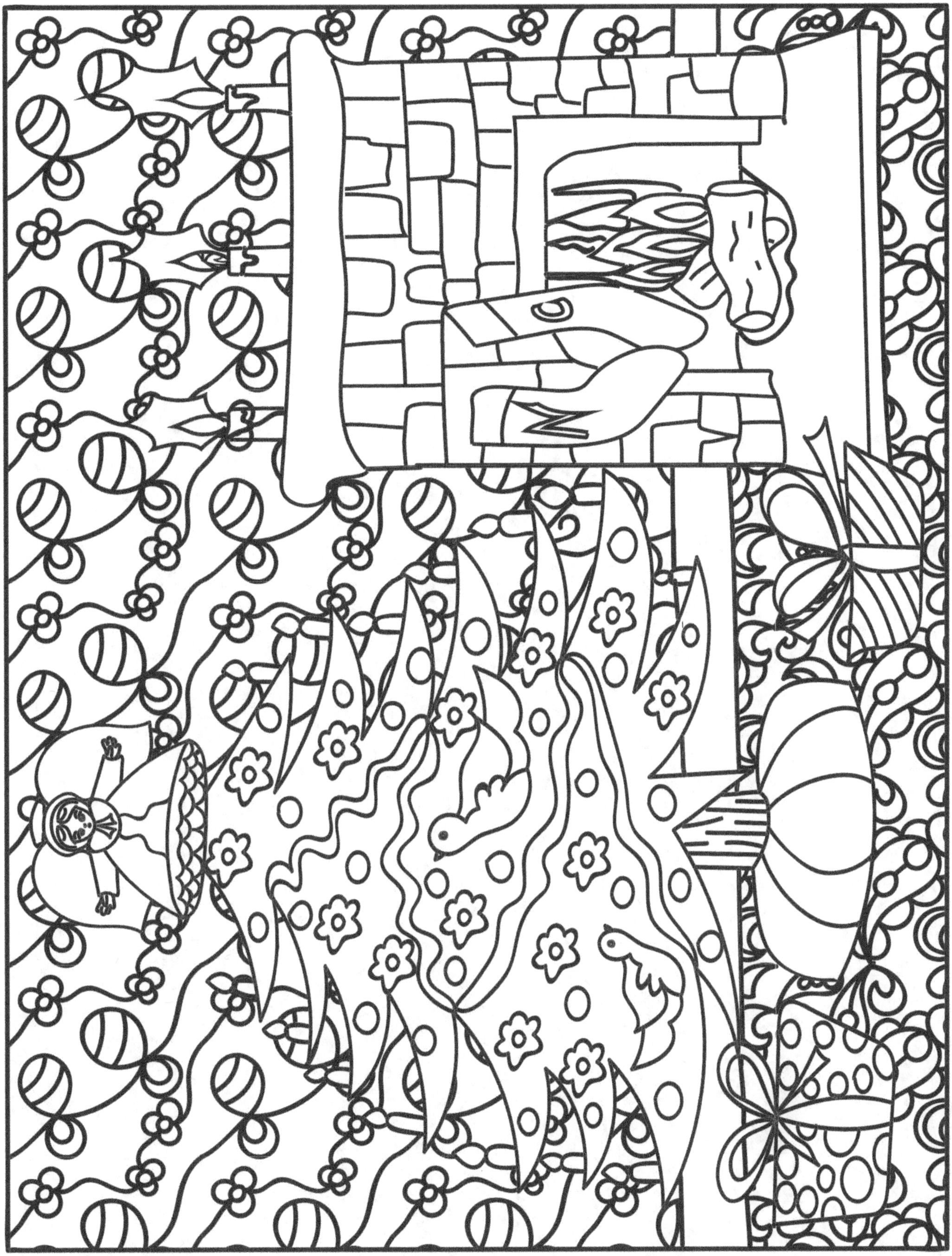

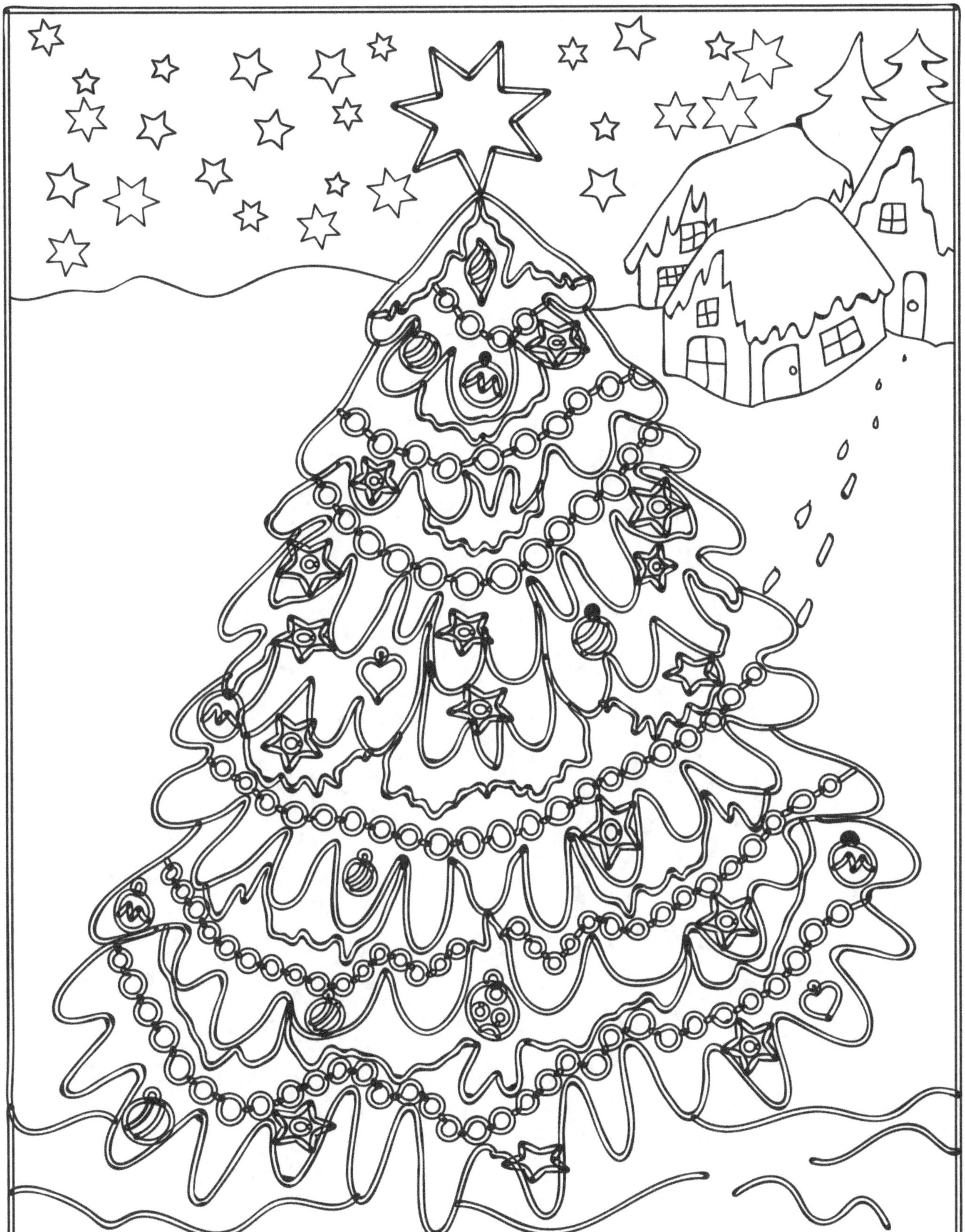

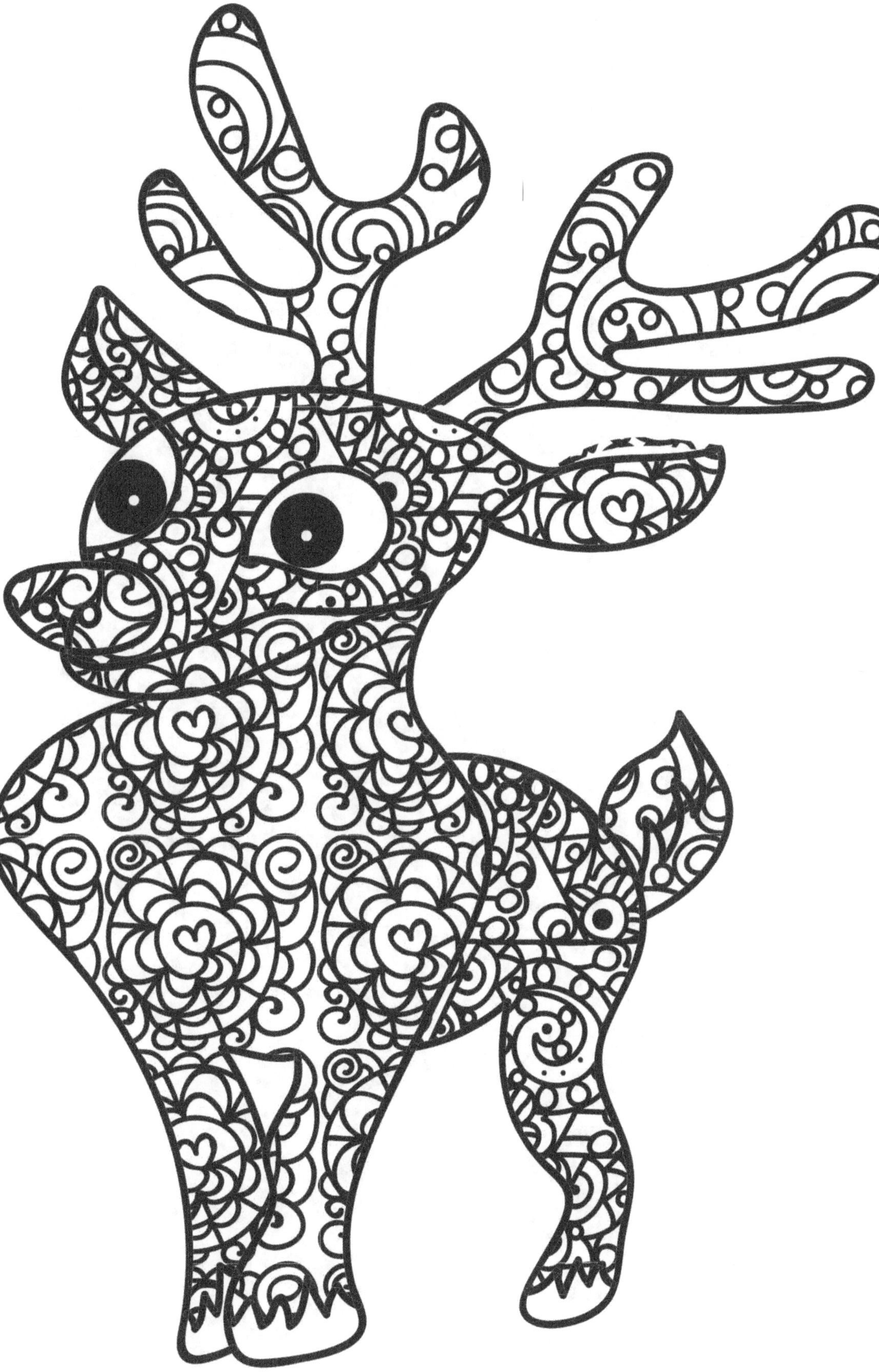

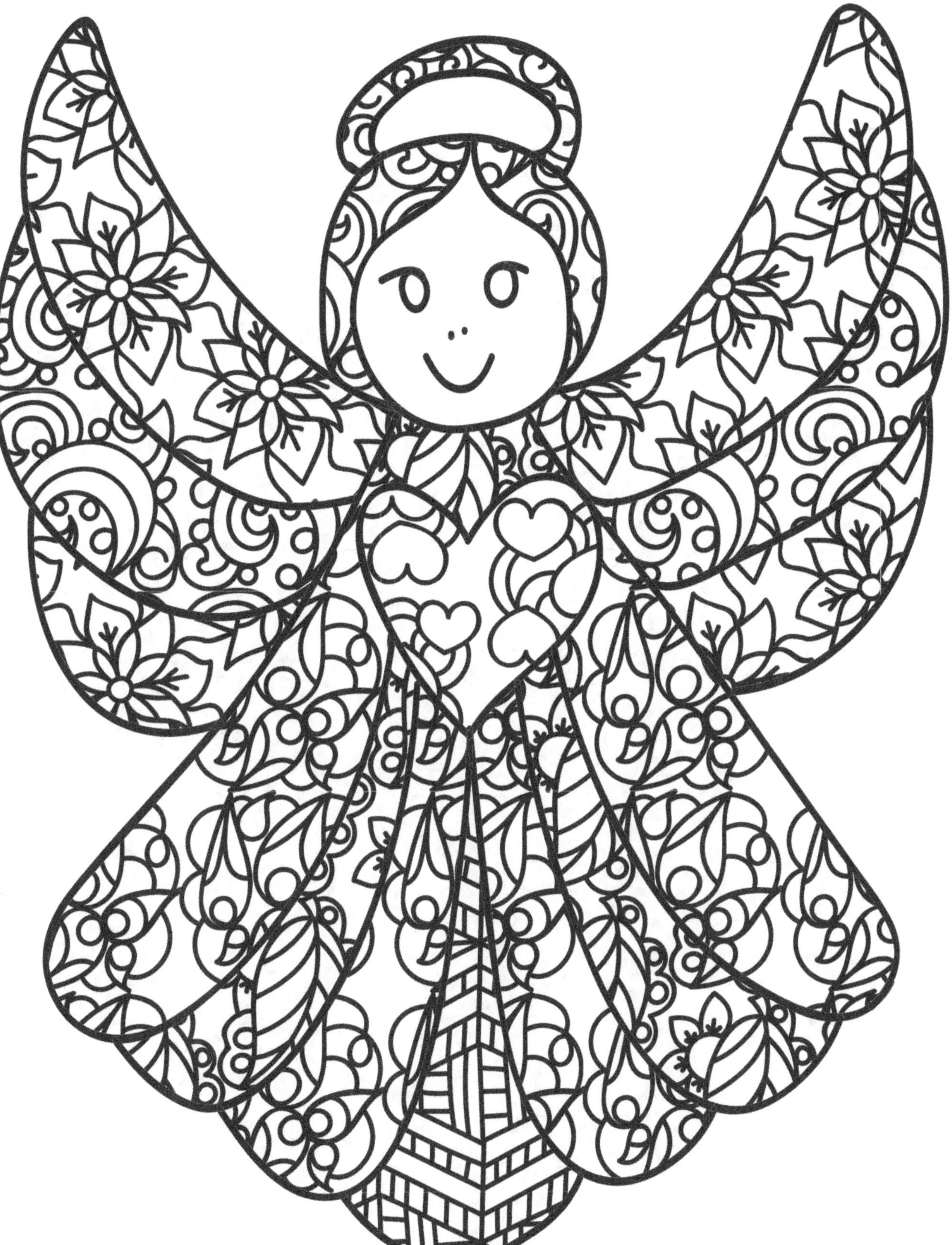

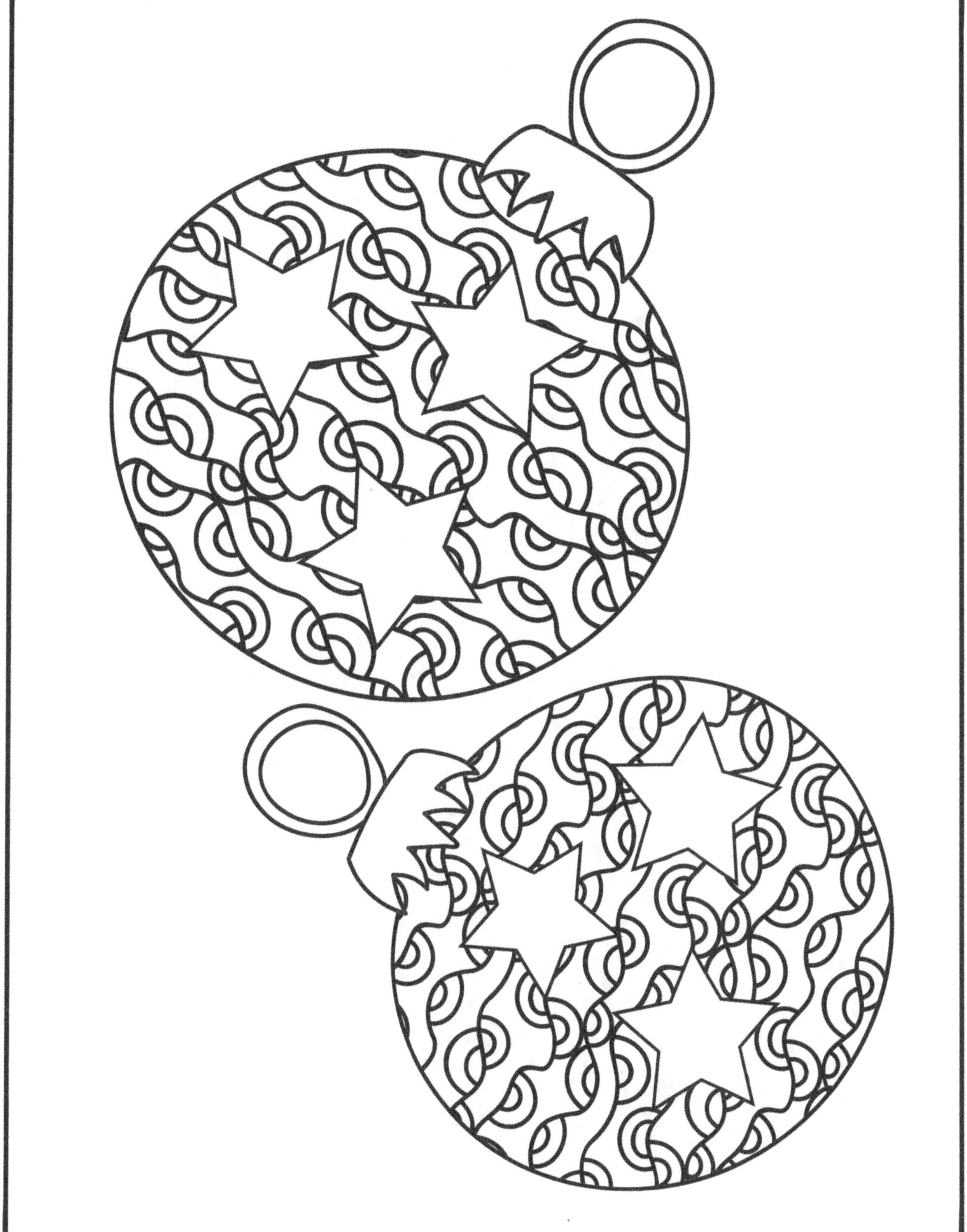

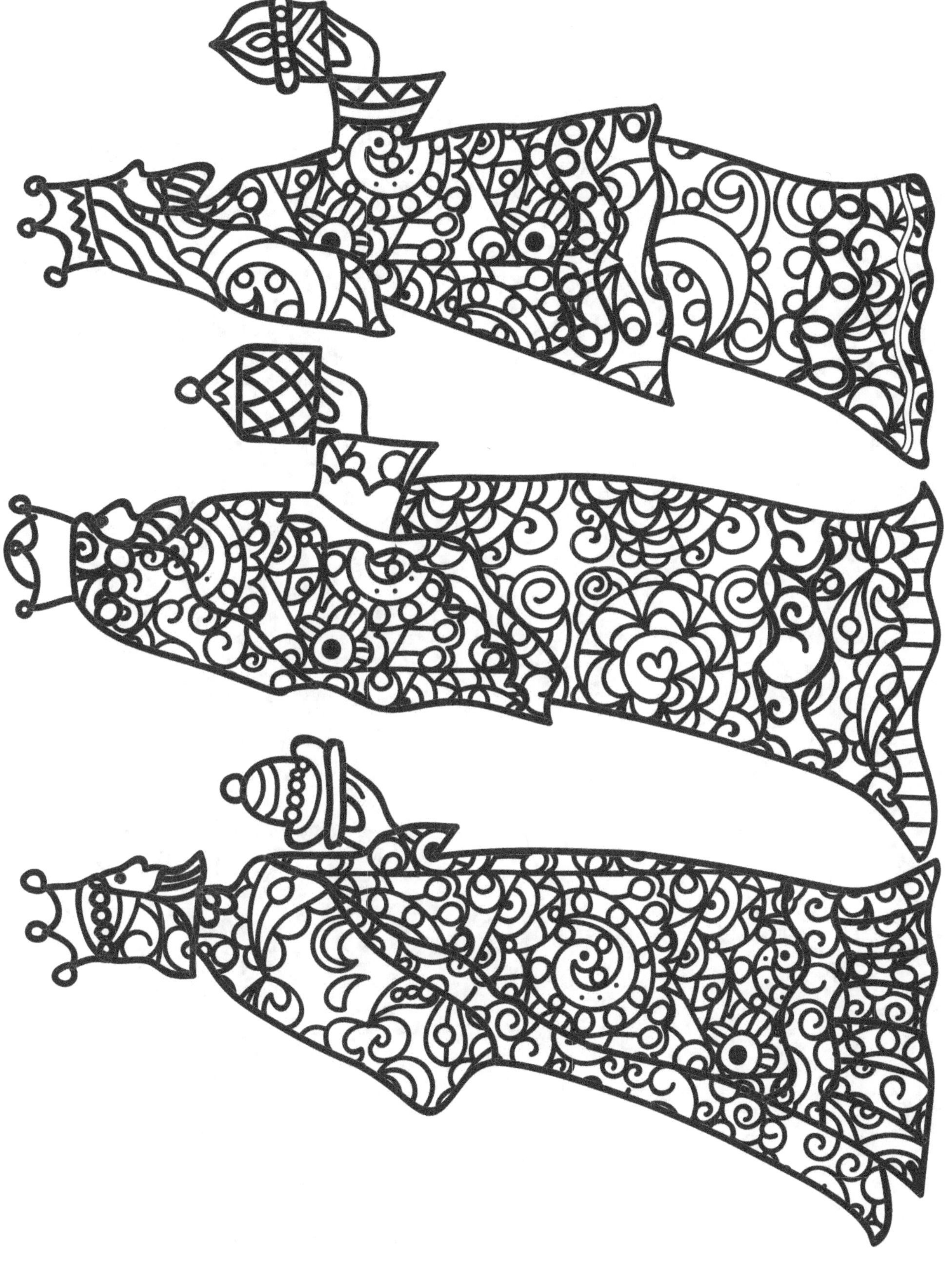

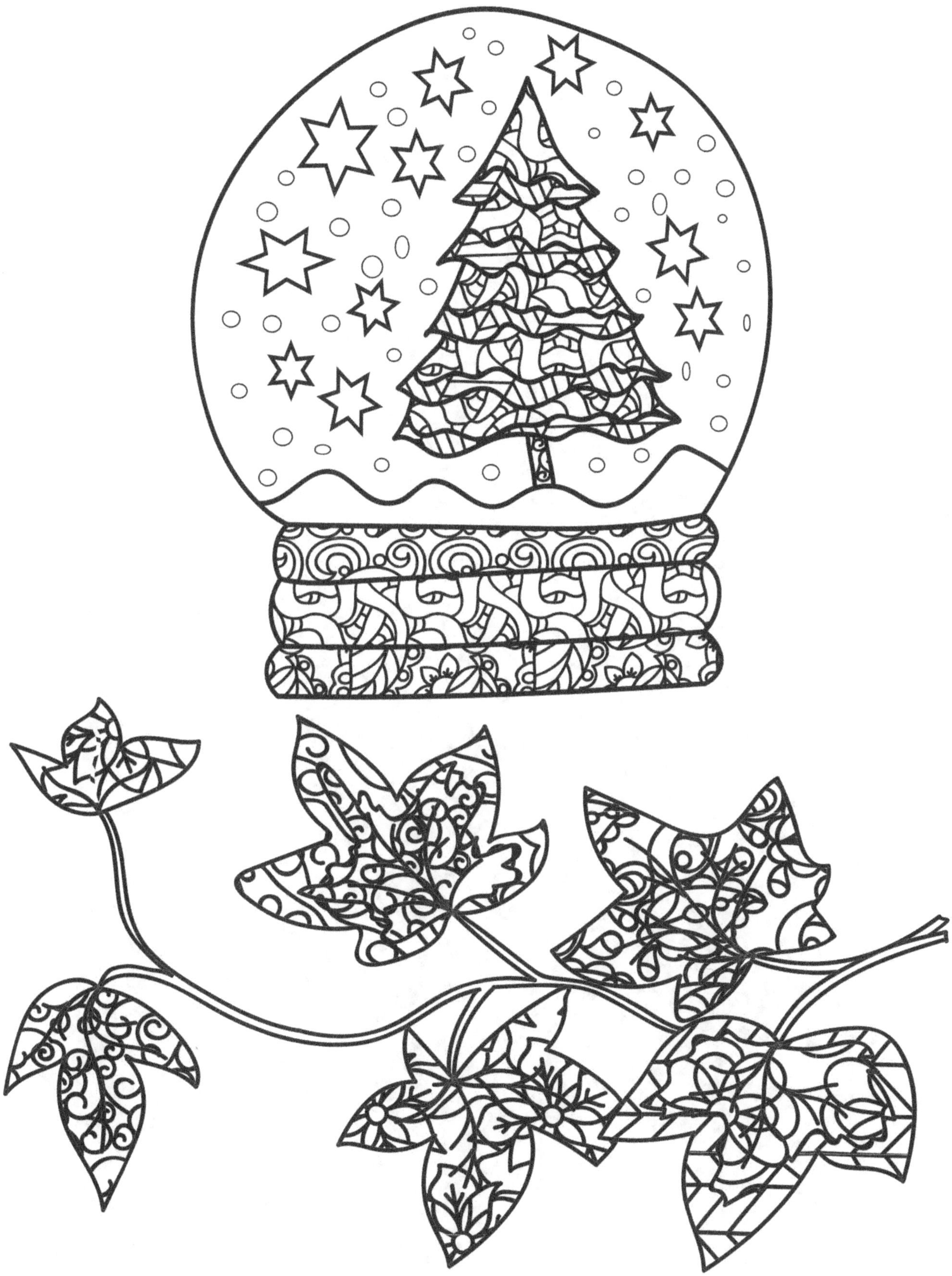

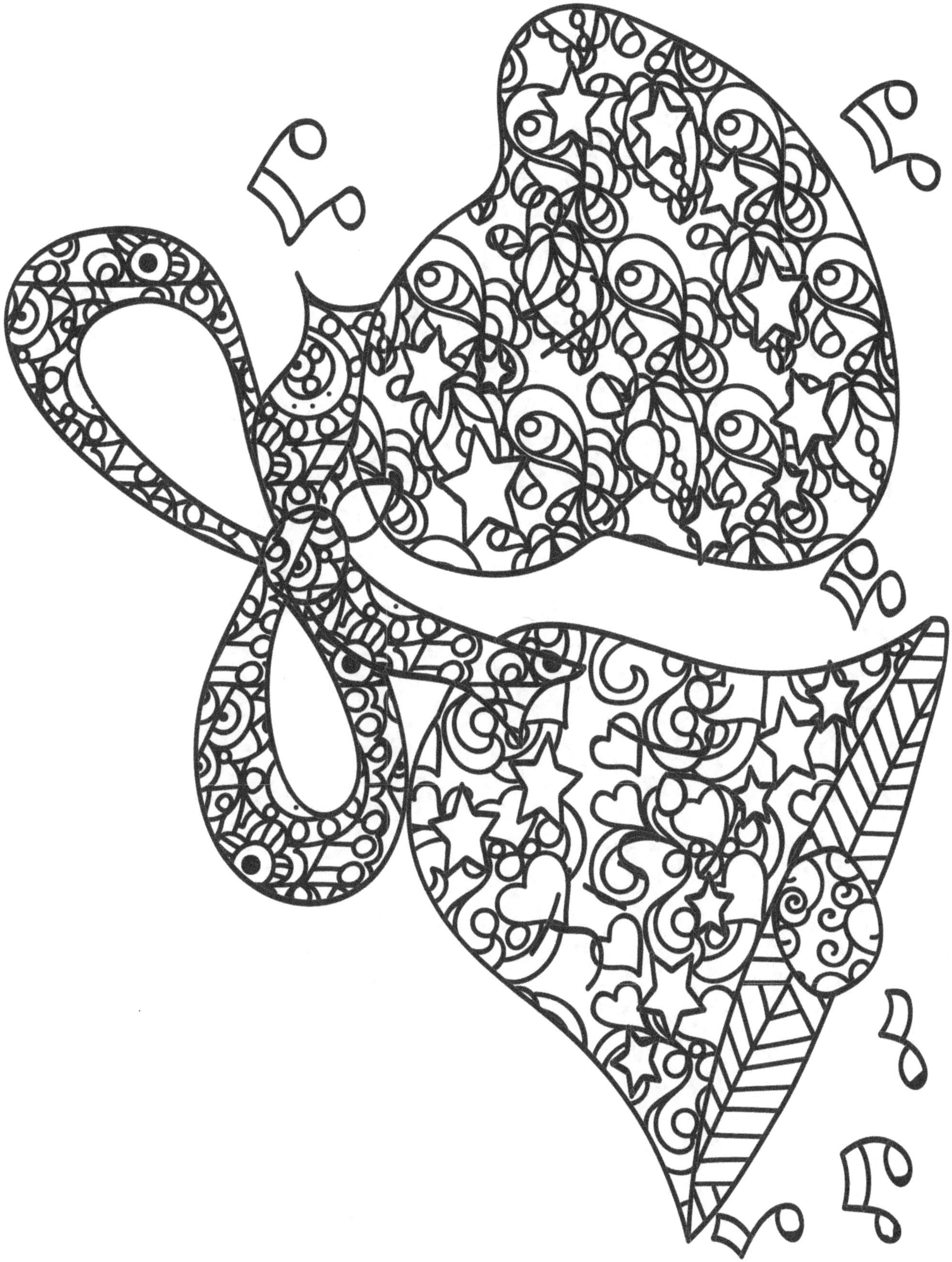

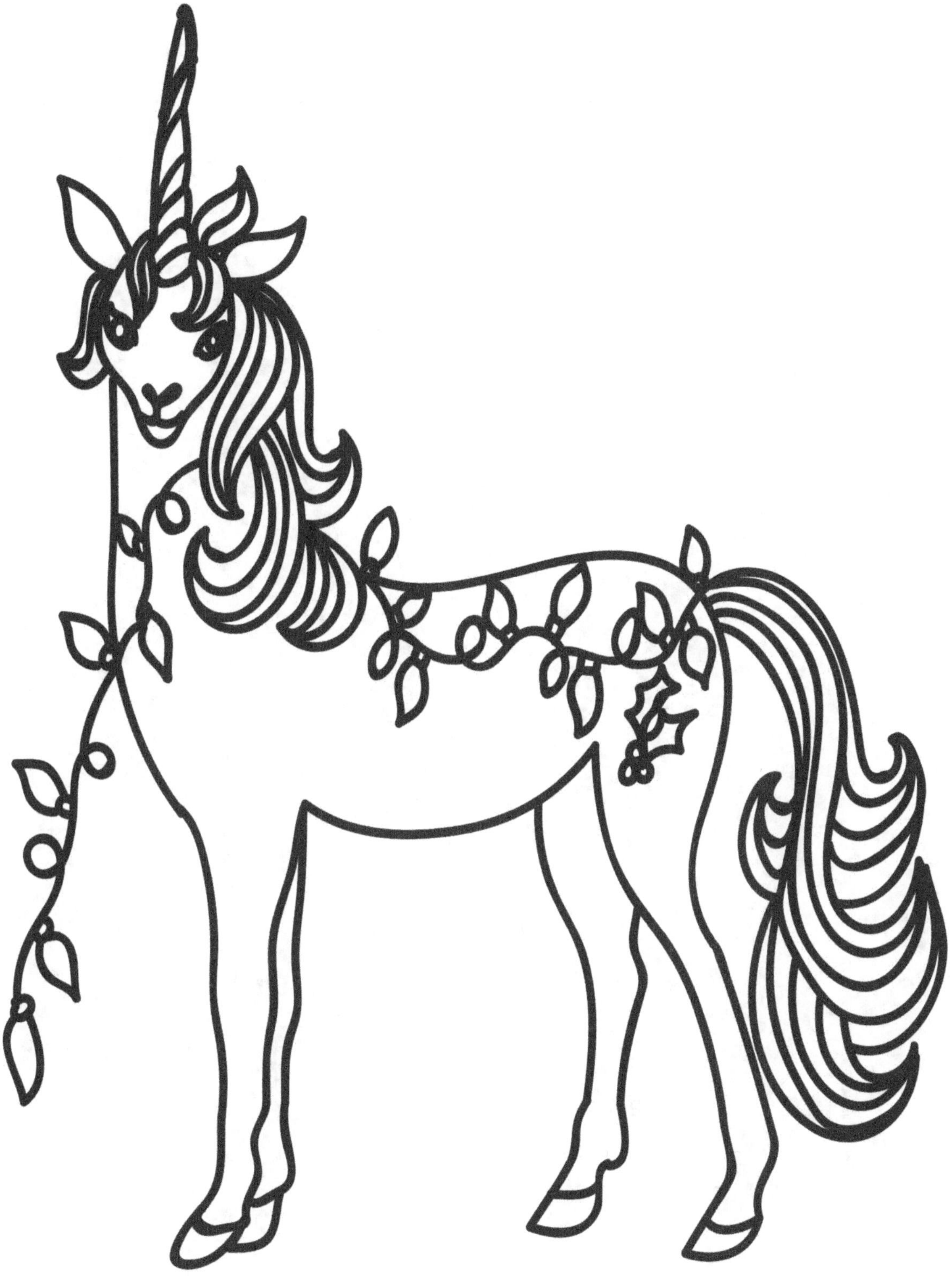

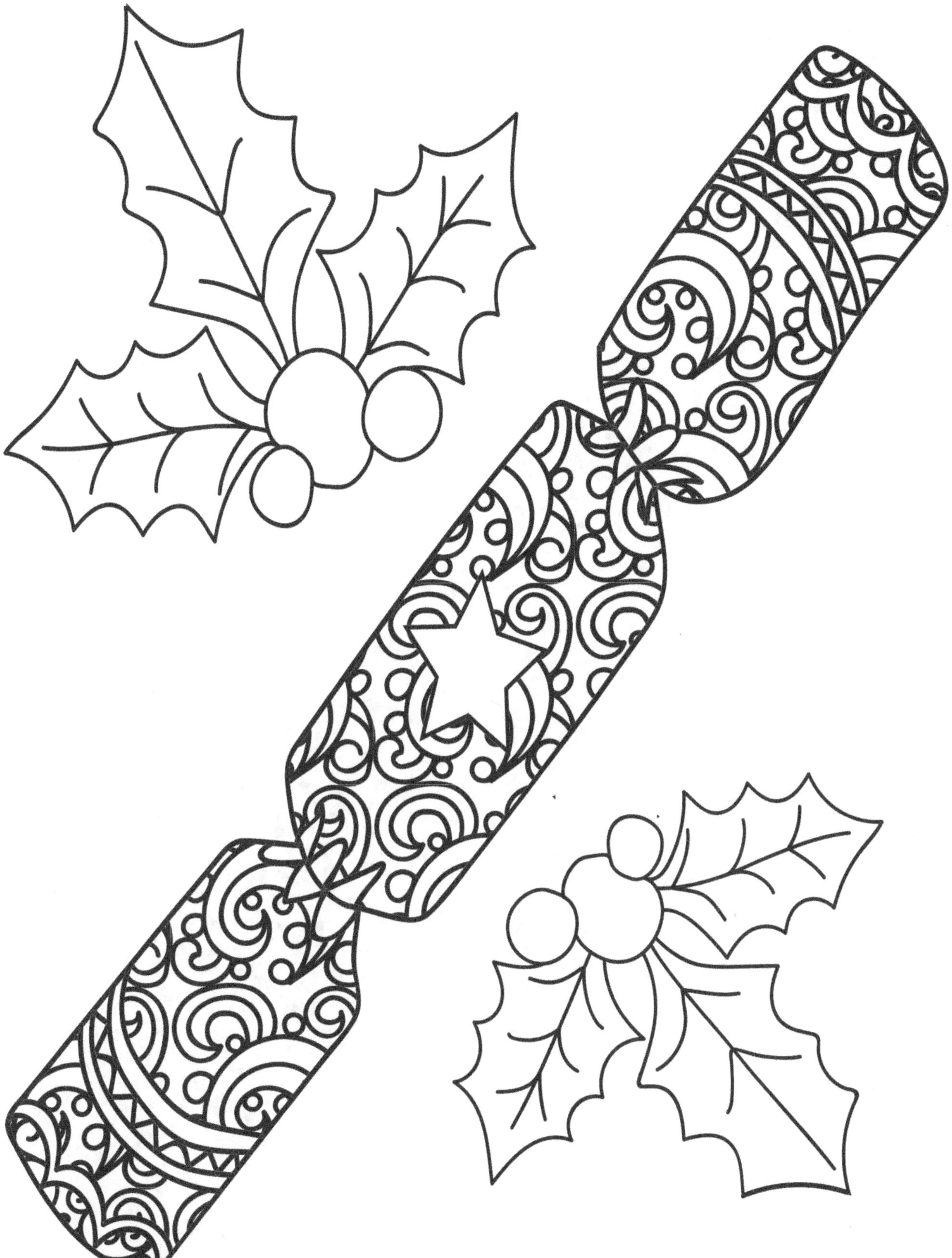

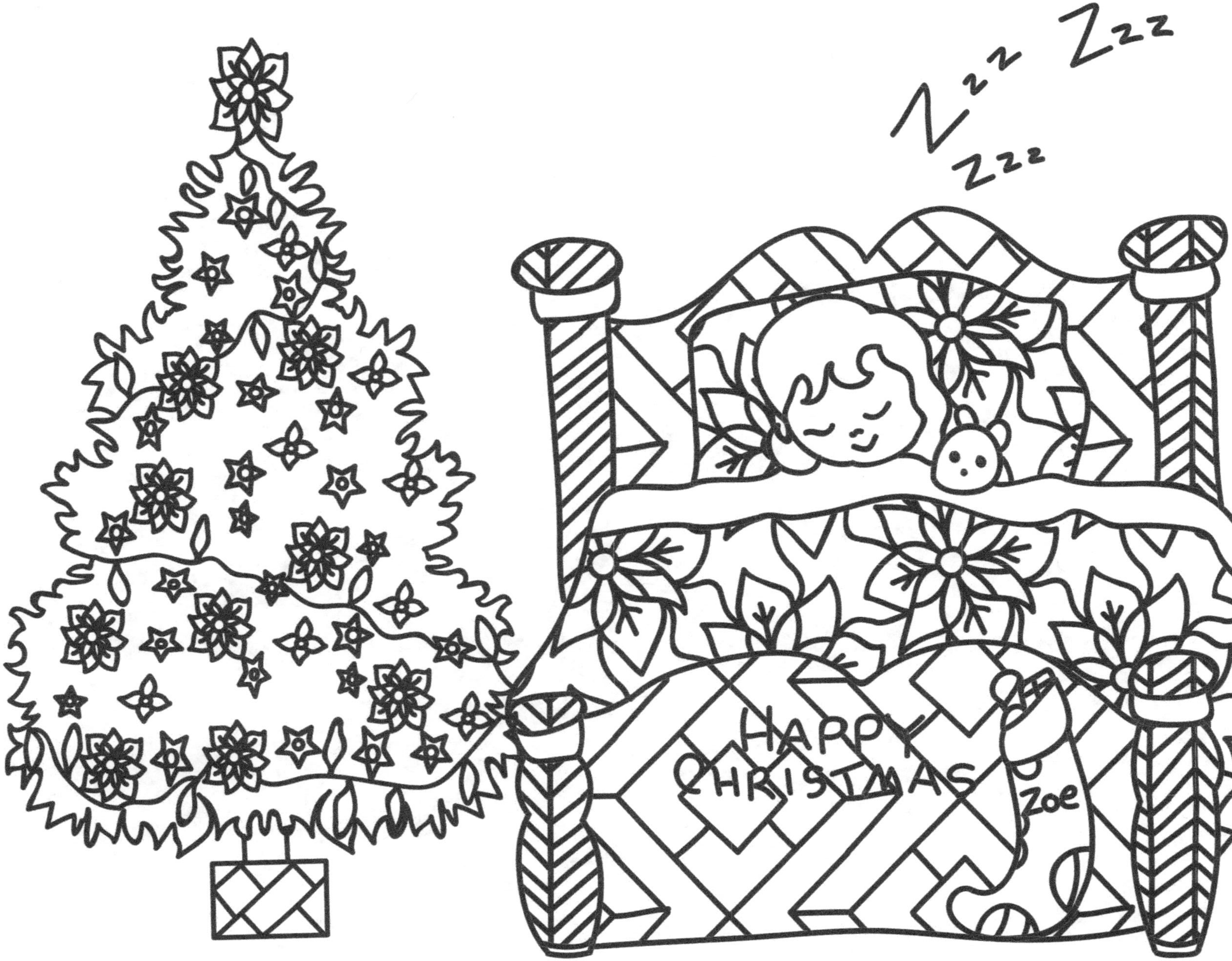
Zzz Zzz
Zzz
HAPPY
CHRISTMAS
Zoe

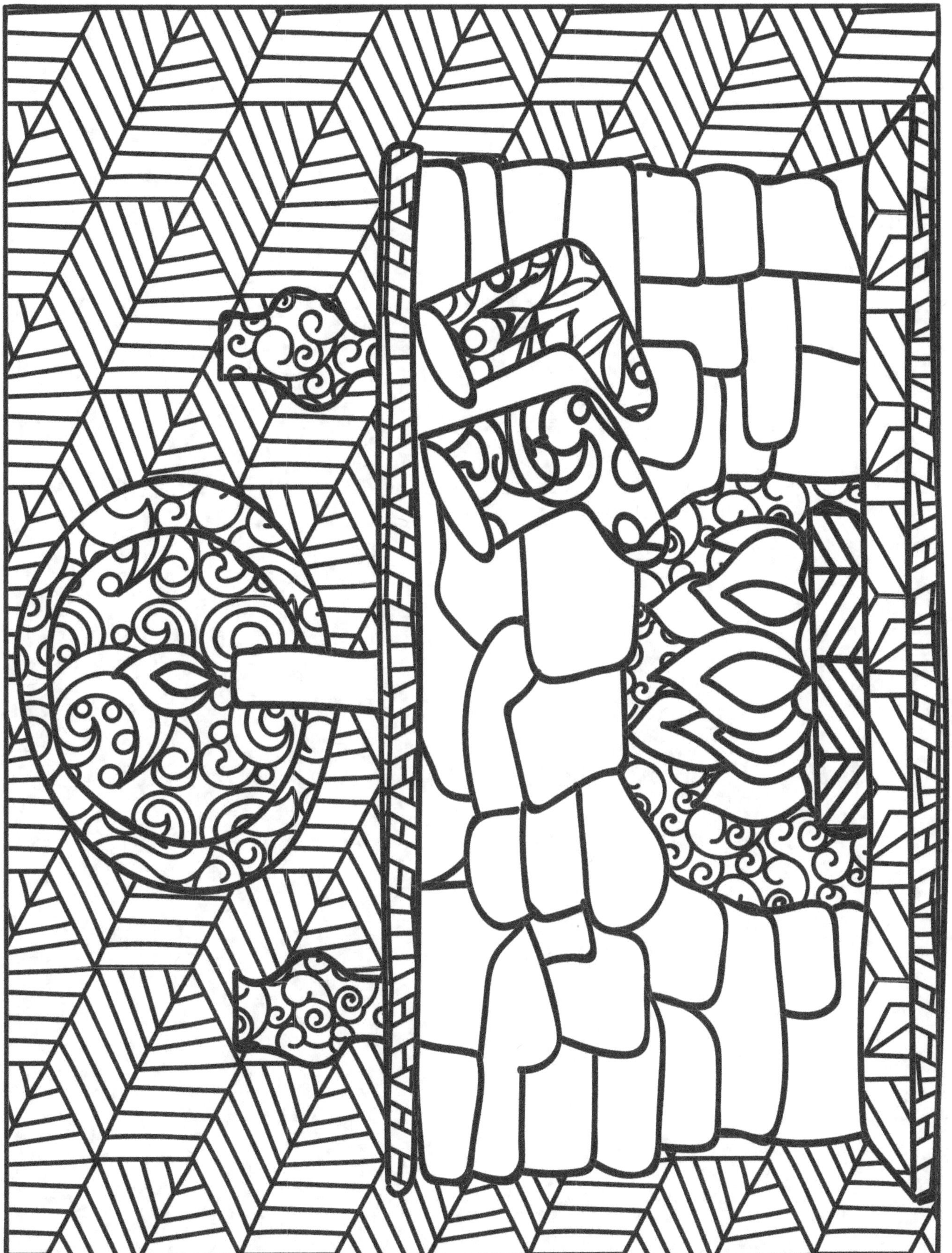

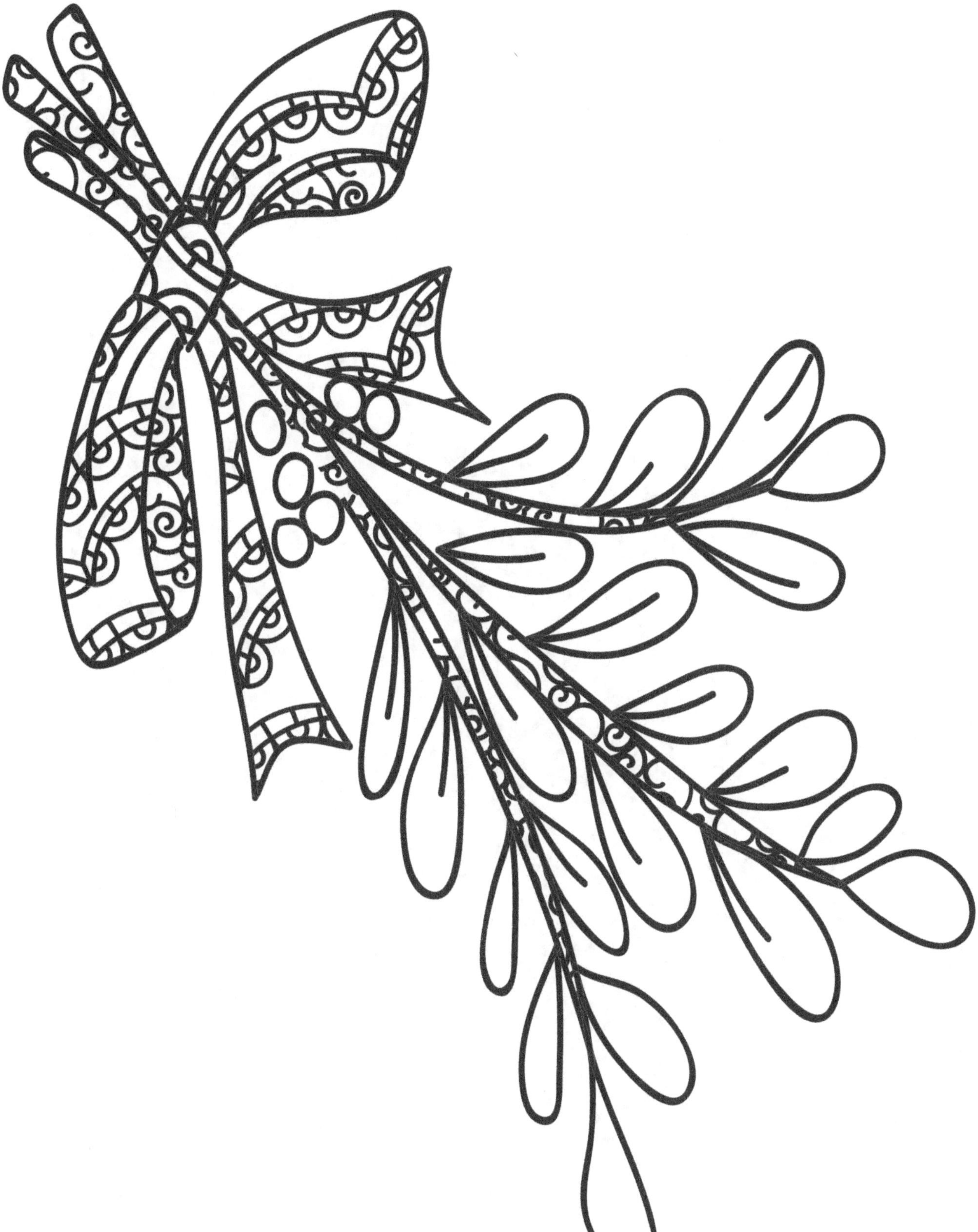

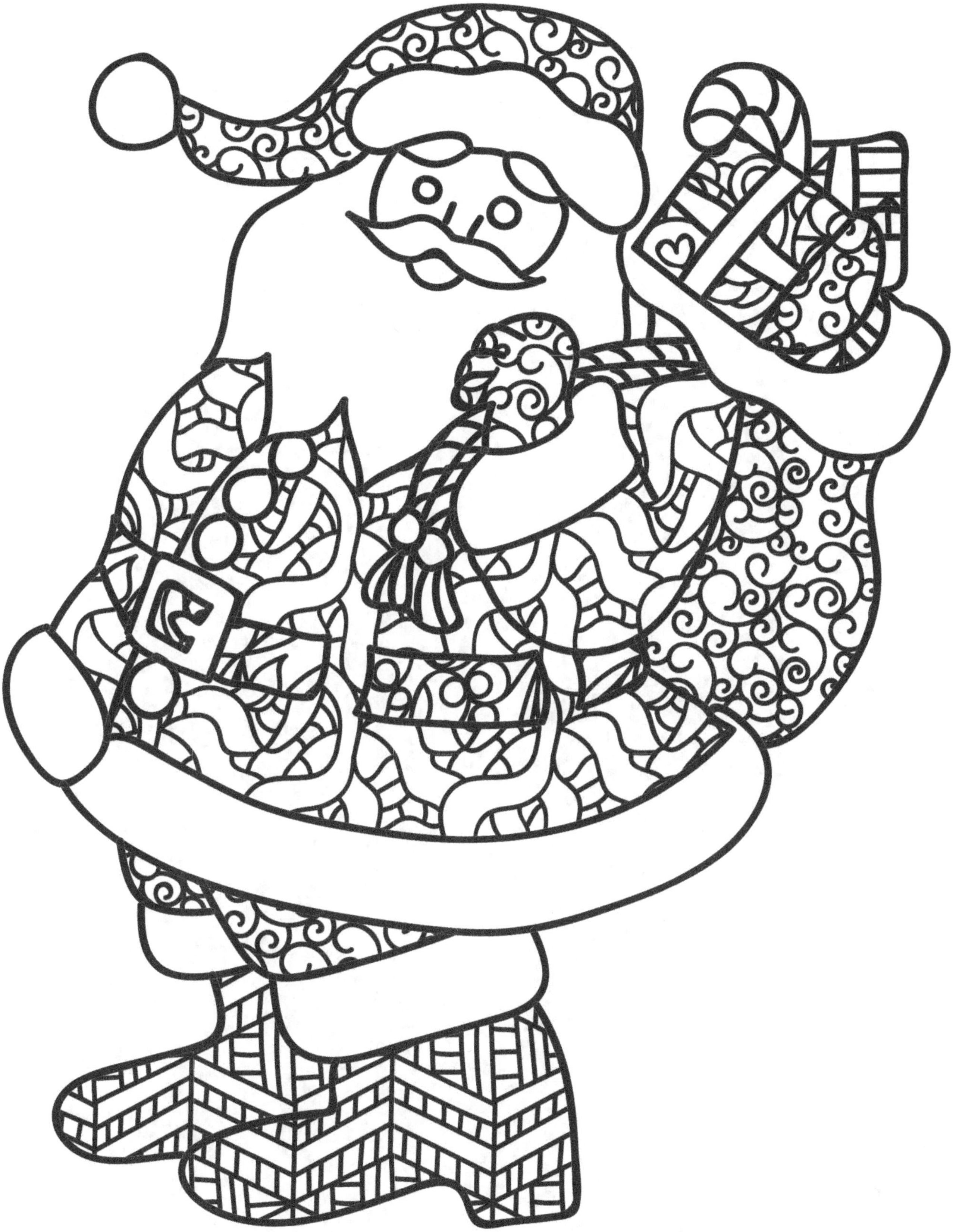

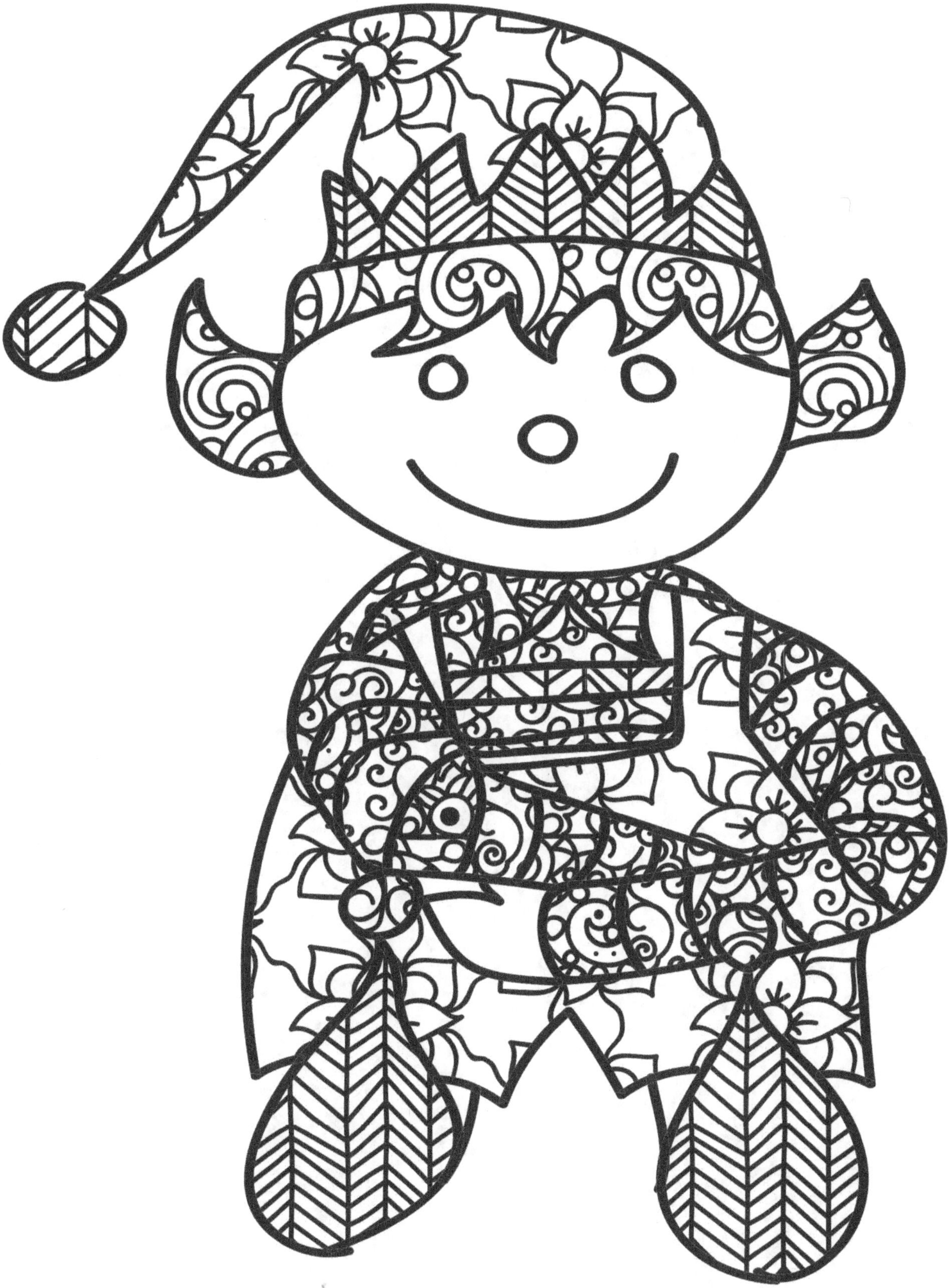

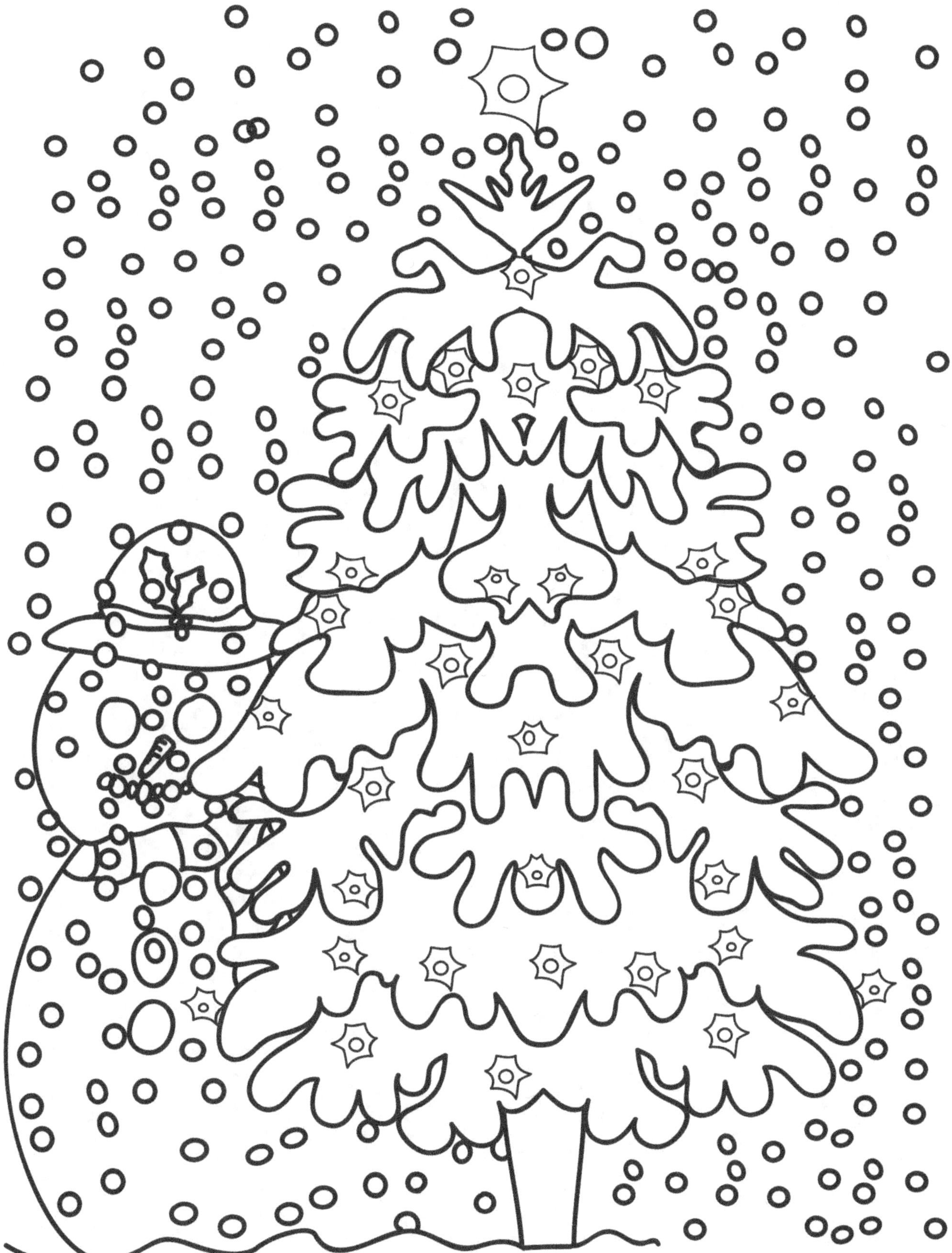

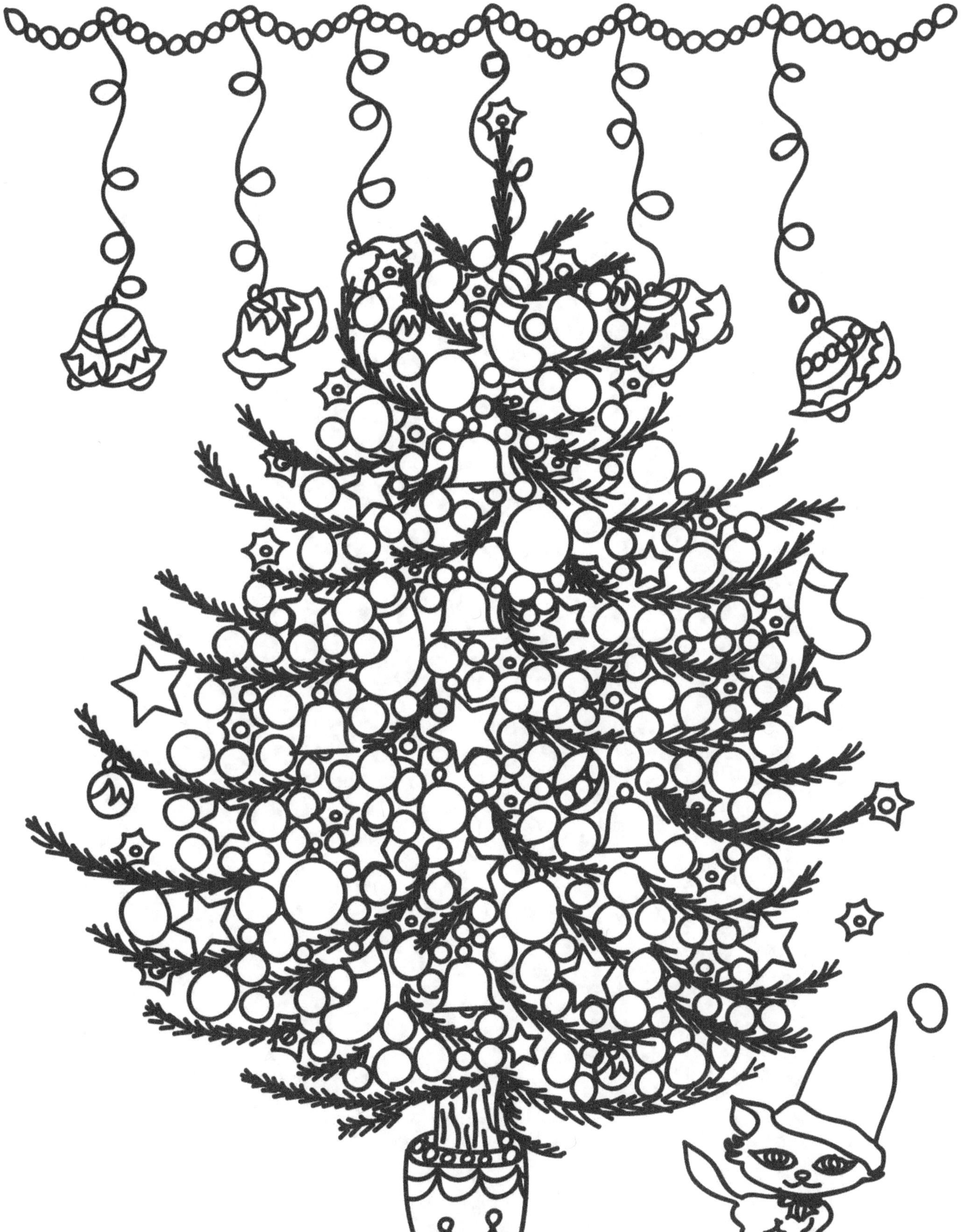

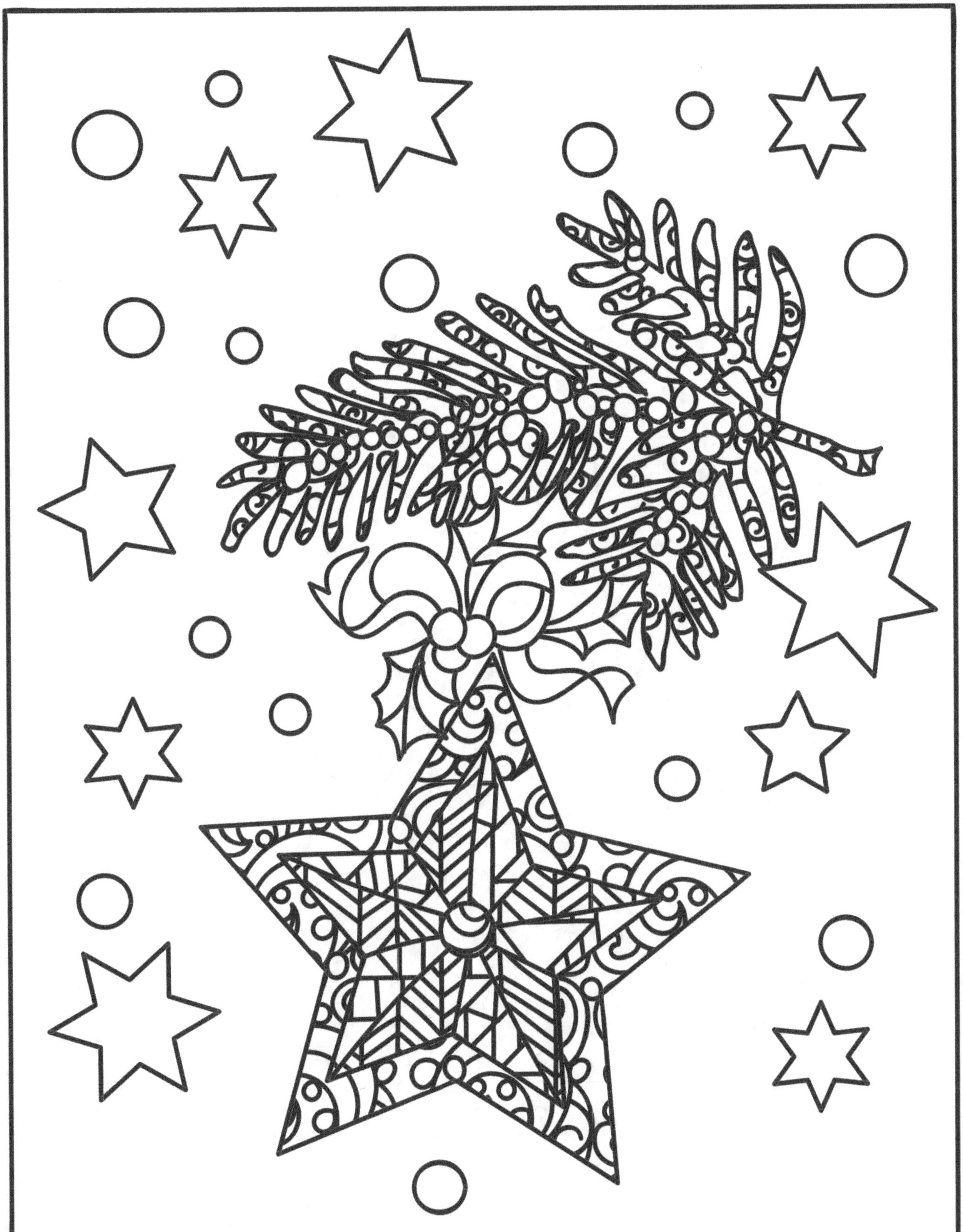

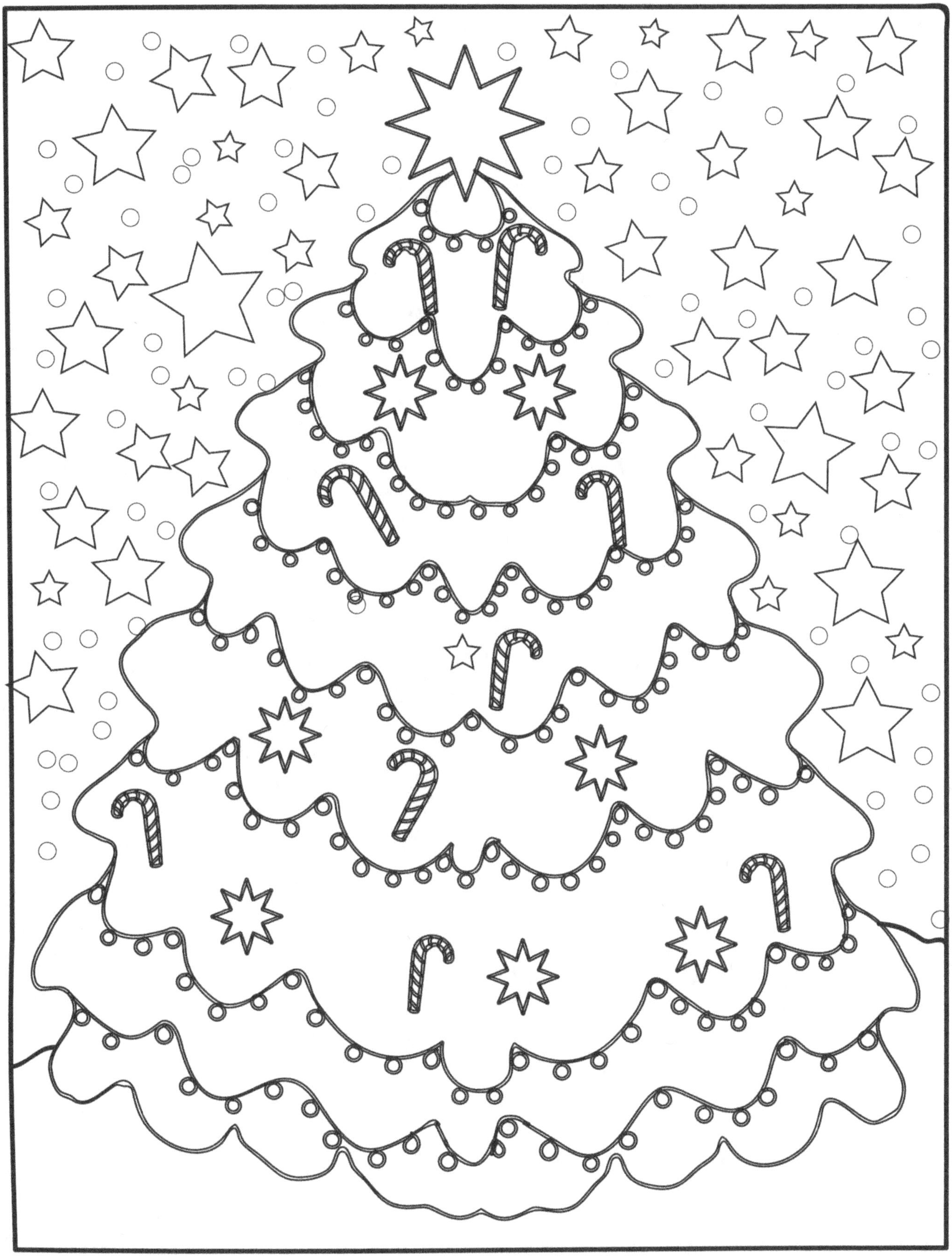

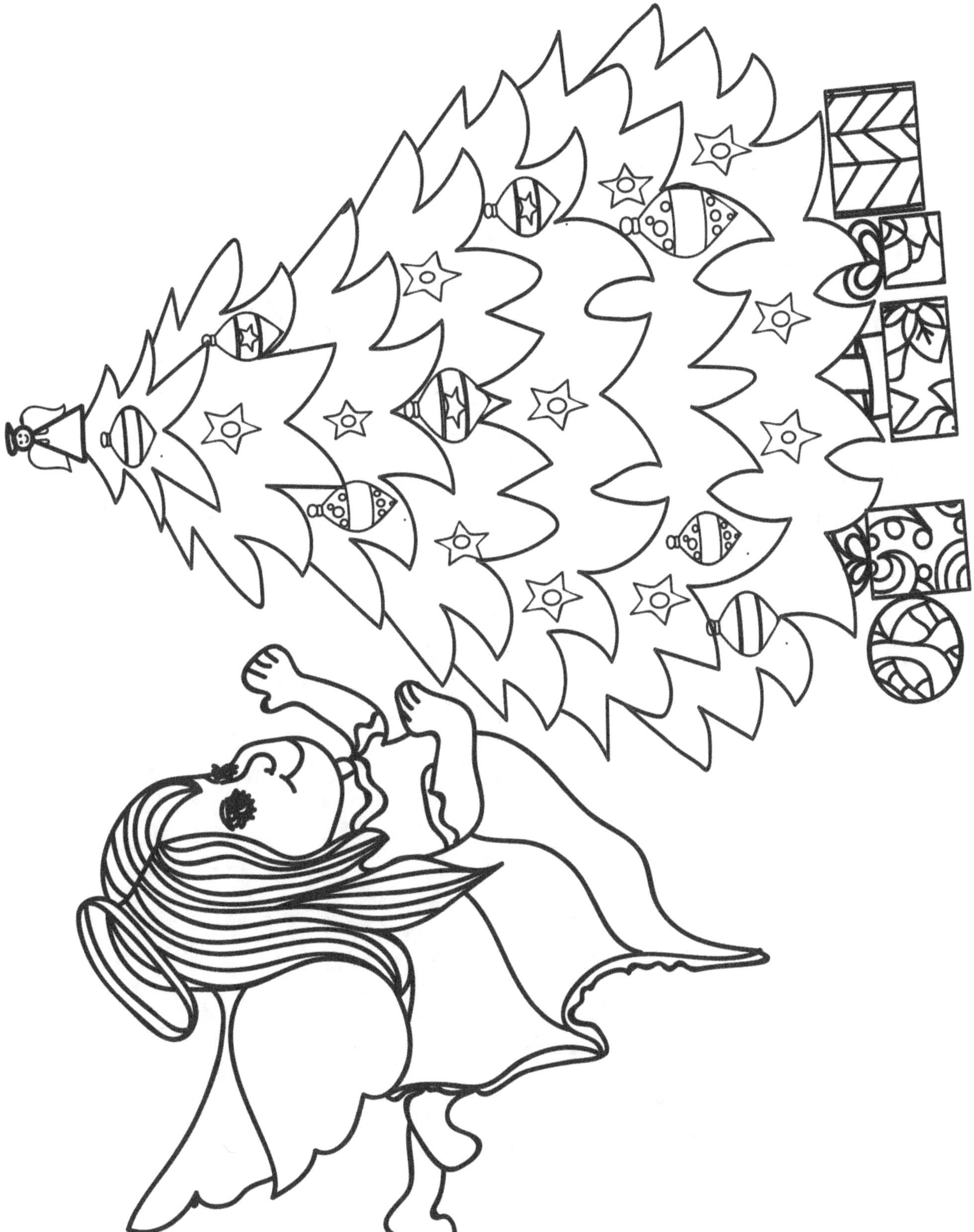

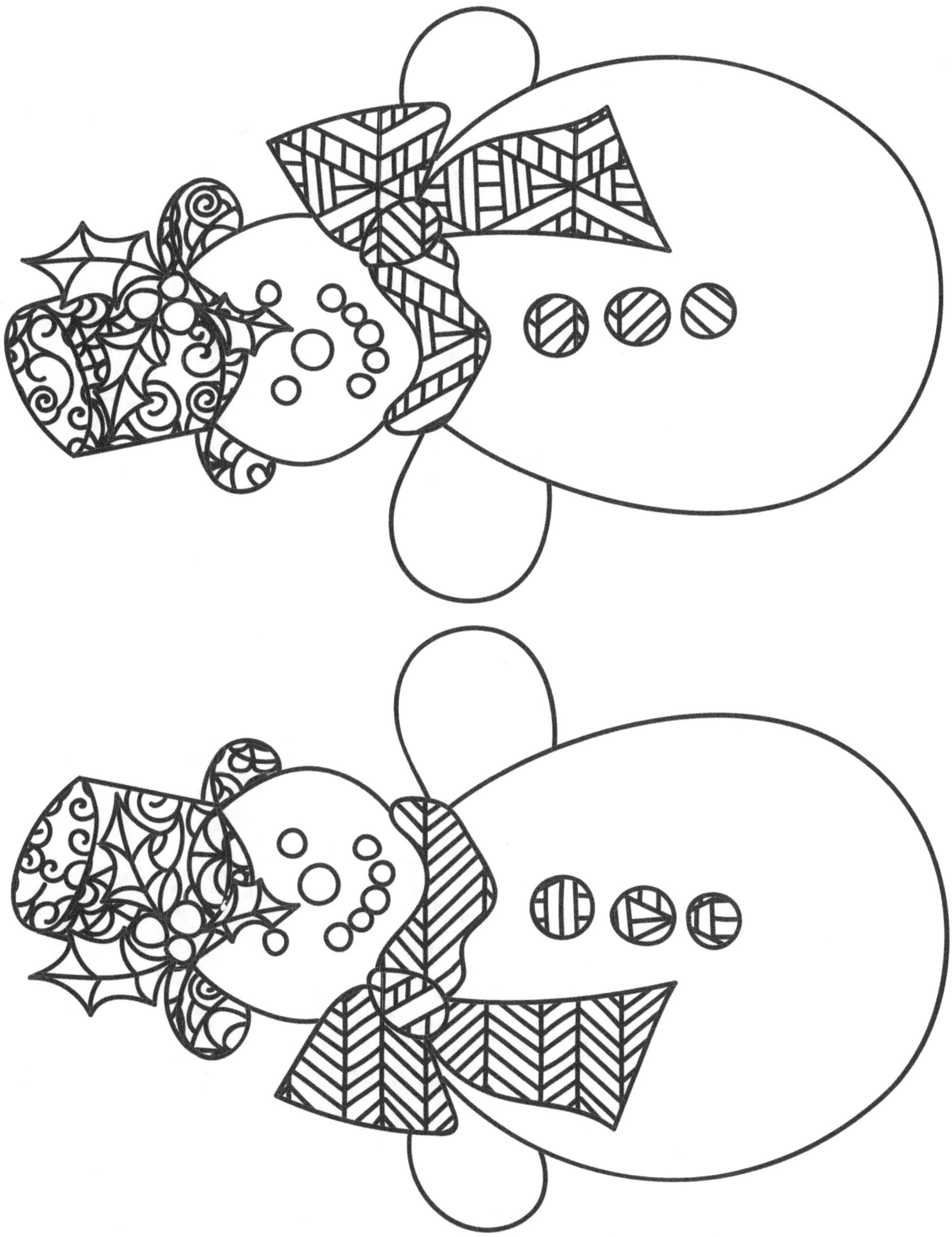

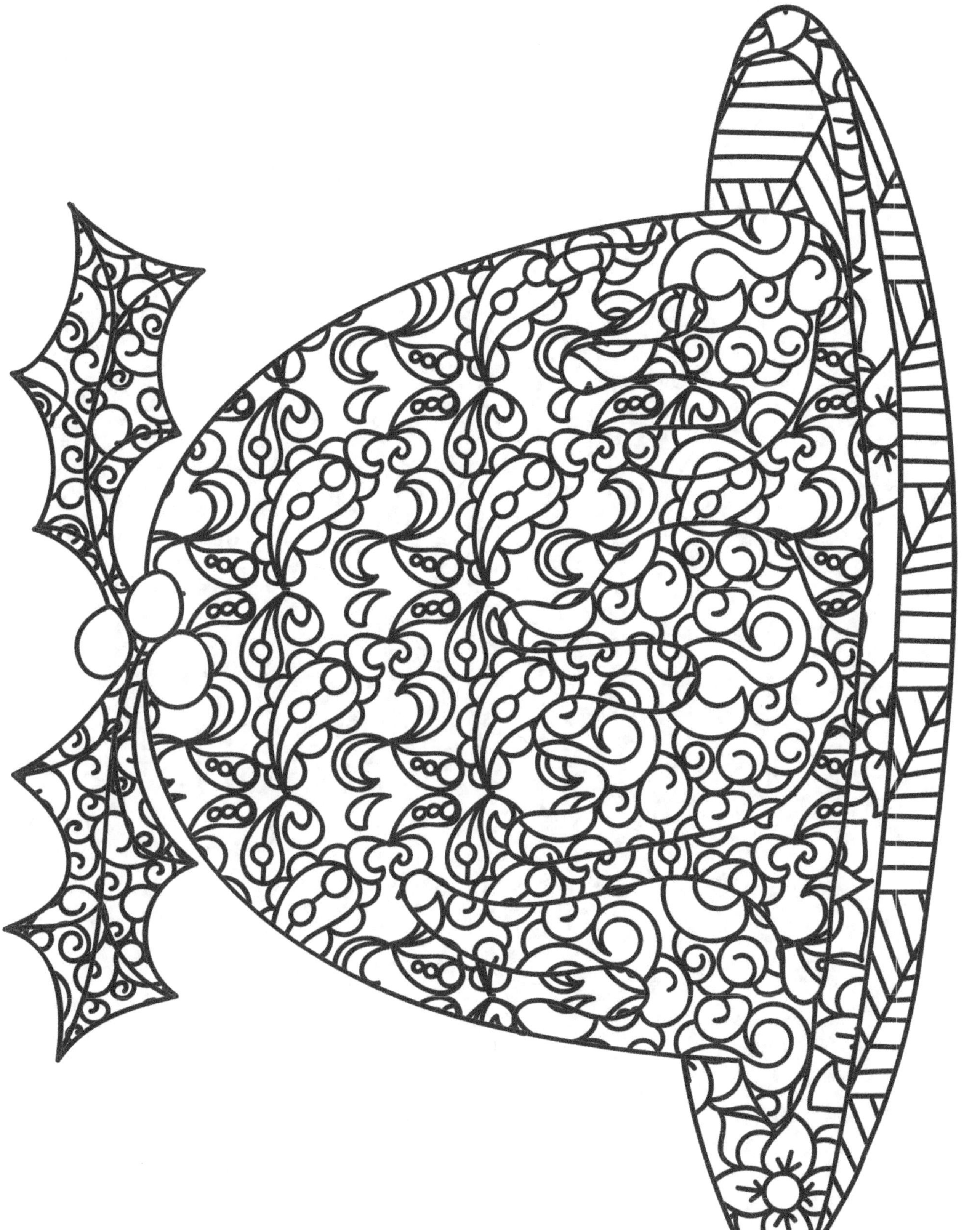

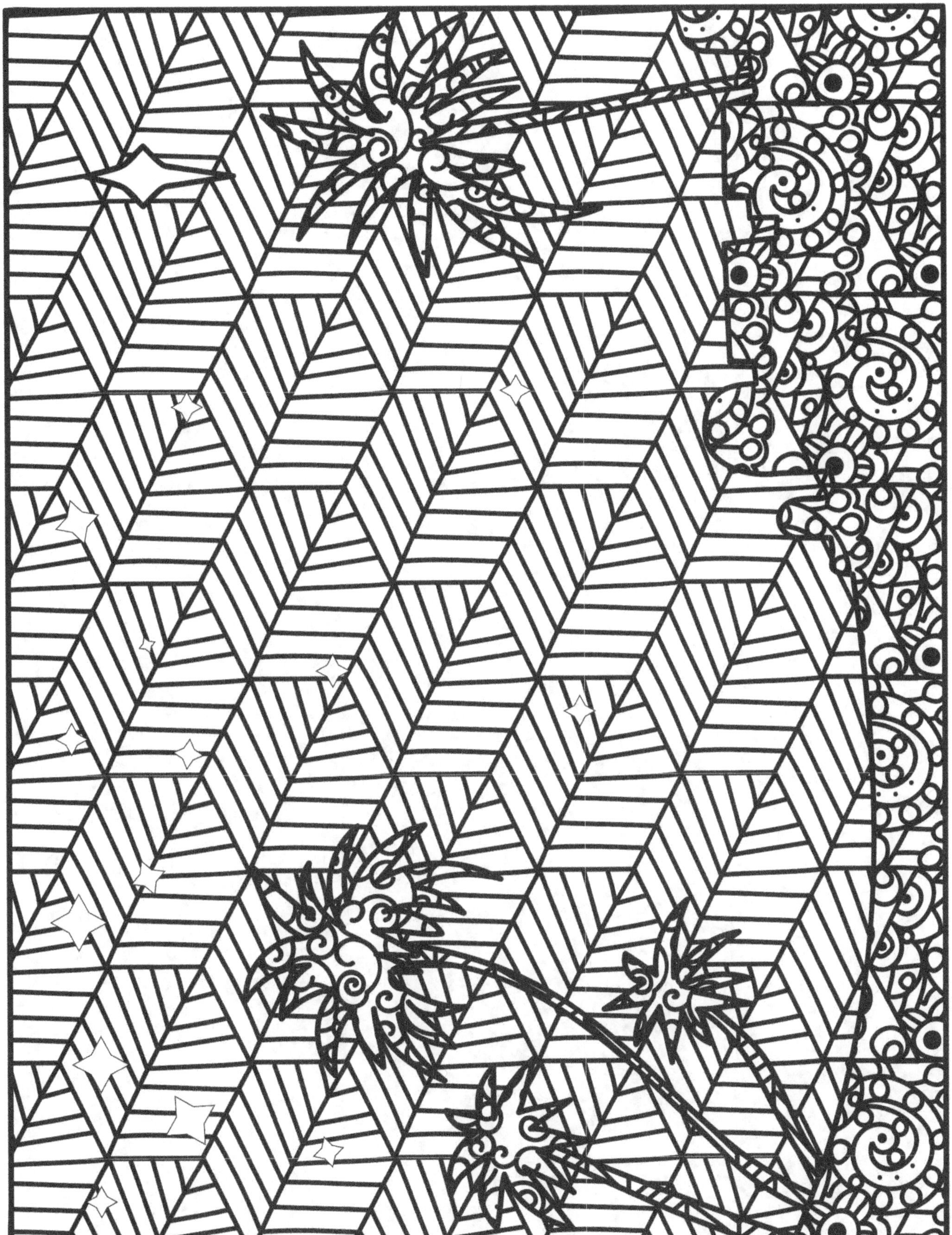

COLOR TEST PAGE

COLOR TEST PAGE